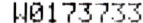

W0173733

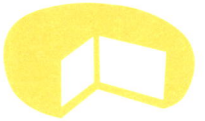

Impressum

5 4 3 2 1   21 20 19 18 17
978-3-88117-155-7

Cover und Layout: Nieschlag + Wentrup, Münster
Text und Rezepte: Agnes Prus
Illustration: Kristina Ballerstaedt, Nieschlag + Wentrup
Redaktion: Franziska Grünewald
Satz: FSM Premedia, Münster

© 2017 Hölker Verlag in der Coppenrath Verlag GmbH & Co. KG
Hafenweg 30, 48155 Münster, Germany
Alle Rechte vorbehalten, auch auszugsweise

www.hoelker-verlag.de

Inhalt

Sag mal „Cheese!"

Etwa 500 Sorten in Deutschland, 700 in der Schweiz und mehr als 1000 in Frankreich — allein diese drei kleinen Länder kommen zusammen auf über 2 200 Varianten des großartigen Milchzaubers: Käse! Er begeistert und nährt die Menschen seit Jahrtausenden. Schon den Steinzeitmenschen war bekannt, dass die Milch ihrer Tiere unter gewissen Voraussetzungen fest wird und dennoch genießbar bleibt. Mit der Zeit entwickelte sich Käse zur idealen Speise der einfachen, Milchvieh haltenden Leute und seine Erzeugung blieb auch zunächst bäuerliche Tradition. Seit dem Mittelalter wurde in europäischen Klöstern die genaue Herstellungsweise bestimmter Käsesorten schriftlich festgehalten; die Käse wurden verfeinert und einige schafften es schließlich sogar auf die Tafeln der Könige. Hätte das der Hirte gewusst, dem mal die Ziegenmilch im Trinkbeutel geronnen ist!

Löcher, Schimmel und Kulturen oder: Die hohe Kunst des Käsens

Mittlerweile ist Käse, zumindest im westlichen Kulturkreis, ein Grundnahrungsmittel mit insgesamt ca. 5 000 Varianten. Zu den „Greatest Hits" der Käsewelt gehören Gouda und Cheddar, Camembert, Brie und Roquefort, Feta, Mozzarella und natürlich der gute alte Parmesan. Bei all dem Sortenreichtum bleibt das Prinzip der Käseherstellung in den Grundzügen doch gleich: Käse entsteht, wenn Milch sauer wird und sich dadurch die flüssige Molke von den festen Bestandteilen trennt. Aus diesem sogenannten Käsebruch wird die restliche Molke so weit wie gewünscht herausgepresst, und nach einer Weile, voilà, le Frischkäse!

Natürlich gäbe es nicht diese großartige Vielfalt, wenn dies schon alles wäre. Mit der Wahl des Grundstoffs, also der Milch, fängt alles an: Kuh, Schaf und Ziege sind die Helden der Käseküche. Zu den Nebendarstellern gehören Büffel, und als Exoten reihen sich Yaks, Kamele und sogar Elche ein.

In der professionellen Käseherstellung wird die Milch zunächst auf den gewünschten Fettgehalt gebracht. Anschließend gibt man ein Enzymgemisch, sogenanntes Lab (für Süßmilchkäse), oder Säurebakterien (für Sauermilchkäse) zur Milch, um den Gerinnungsprozess zu beschleunigen.

Sobald die Milch dickgelegt ist, beginnt das eigentliche Käsemachen. Je nachdem, wie fein der Käsemeister den Käsebruch anschließend schneidet, wie lange er ihn abtropfen lässt, wie oft er ihn wendet und ob er ihn presst, kann mehr oder weniger Molke ablaufen. Je weniger Molke der Bruch enthält, desto härter wird der fertige Käse.

Im Anschluss wird er in Form gebracht und, außer, es handelt sich um Frischkäse, in Salzlake gebadet. Das verhindert unerwünschte Bakterienbildung, würzt den Käse und fördert die Entstehung von Rinde.

In der folgenden Ruhephase wird dem Käse sein endgültiger Charakter verliehen. Der Begriff Ruhephase klingt allerdings irreführend, denn in den Tagen, Wochen oder sogar Monaten der Reifung arbeitet es im Käse und um ihn herum ganz fleißig: Die Laibe werden von Affineuren, den Meistern der Käseveredelung, je nach Sorte gebürstet und gewendet, gepikst, mit Schimmel versetzt oder mit Rotkulturen bestrichen. Unter der Rinde wiederum sind Bakterien am Werk, die viele kleine oder wenige große Löcher in den Käse zaubern, und in Blauschimmelkäse entwickelt sich der gewünschte Schimmel. Nicht zuletzt Temperatur, Luftfeuchtigkeit und Umgebung beeinflussen die Reifung und damit das Aroma des Käses.

Who's who in der Käsetheke

Das Ergebnis sind viele herrliche und sehr unterschiedliche Käsesorten, die sich schließlich grob in sieben Gruppen einteilen lassen:

Frischkäse hat den höchsten Wassergehalt und reift nicht oder nur sehr kurz. Hüttenkäse oder Ziegenfrischkäse sind typische Vertreter. Ricotta gehört auch in diese Gruppe, wird aber aus der ausgetretenen Molke hergestellt.

Weichkäse. Zu dieser Gruppe zählen Weißschimmelkäse wie Brie und Camembert, außerdem Rotkultur- oder Rotschmierkäse, z. B. Limburger und Chaumes, und einige Blauschimmelkäsesorten, z. B. Gorgonzola.

Schnittkäse. Zu den bekanntesten gehören Gouda, Edamer und Cheddar.

Halbfeste Schnittkäse. Butterkäse, Tomme de Savoie und viele Blauschimmelkäse fallen darunter, z. B. Roquefort.

Hartkäse, z. B. Parmesan, Comté, Emmentaler, Manchego oder Greyerzer, reifen bis zu 3 Jahre. Sie haben den geringsten Wassergehalt und sind daher am längsten haltbar.

Filata-Käse. Der Star dieser Kategorie ist Mozzarella, es gehören aber auch Burrata und Scamorza dazu.

Sauermilchkäse. Zu dieser intensiv riechenden Gruppe zählen Harzer Käse und Handkäs.

Aufbewahrung

Die Haltbarkeit von Käse richtet sich nach seinem Wassergehalt: Frisch- und Weichkäse sollte man nach dem Einkauf innerhalb von 4 Tagen aufbrauchen, Schnitt- und Hartkäse sind 7 – 10 Tage haltbar. Käse am Stück hält sich länger als geschnittener. Auch, wenn es Kollege Käse etwas zickig dastehen lässt, sollte man ein paar seiner Charaktereigenschaften respektieren. Dann belohnt er den Genießer mit Aroma-Wonnen: Er möchte atmen und will nicht luftdicht eingesperrt sein, sonst wird seine Reifung behindert. Unzureichend verpackt zu sein bekommt Käse allerdings erst recht nicht, denn dadurch trocknet er aus. Und gemeinsam mit anderen tummelt er sich auch nicht gern, es könnten ja Reifekulturen ausgetauscht werden.

Daher packt bzw. lässt man die ganz teuren Diven aus der Käsetheke am besten jeweils in Pergamentpapier oder schlägt sie locker in perforierte Frischhaltefolie ein. Ausnahmen sind Frischkäse und besonders geruchsintensive Exemplare, die sind beide, wenn auch aus unterschiedlichen Gründen, luftdicht verpackt besser aufgehoben. Weißschimmelkäse lagert man am besten in Frischhaltedosen mit Ventil. Käse aus der Packung kann in der Regel in ebendieser aufbewahrt werden. Am wohlsten fühlt sich Käse im Gemüsefach des Kühlschranks. Den Gefrierschrank hingegen mag er gar nicht, Geschmack und Konsistenz leiden erheblich unter dem Kälteschock.

Käseplatten-ABC

Eine schöne Käseplatte ist zwar eine recht subjektive Angelegenheit, dafür sind der Kreativität wenig Grenzen gesetzt. Man kann beispielsweise eine Auswahl von Frisch- bis Hartkäse oder Vertreter der verschiedenen Milchsorten vorstellen, also Kuh-, Schafs- und Ziegenmilchprodukte. Oder man konzentriert sich auf eine einzige Milchsorte oder Region. Sinnvoll ist es in jedem Fall, den Käse von mild nach kräftig anzurichten und zu verkosten. Wenn sehr unterschiedliche Sorten angeboten werden, sollte jeweils ein eigenes Schneidewerkzeug angeboten werden. Mind. 30 Min. vor dem Servieren sollte der Käse aus dem Kühlschrank genommen werden, damit er Zimmertemperatur annimmt.

Käseliebhaber brauchen meist nicht viel Beiwerk auf der Käseplatte und sind mit dem puren Genuss völlig zufrieden, einzig etwas neutralisierendes Weißbrot ist willkommen. Dennoch freut sich jeder über erfrischende Früchte, wie die fast schon obligatorischen Trauben, sehr gut passen aber auch Birnen, Feigen und Aprikosen oder süß-saure Ergänzungen wie Senffrüchte oder Chutney. Des Weiteren sind Nüsse, Radieschen oder auch Honig tolle Partner für viele Käsesorten.

Flüssige Begleiter

Baguette, Käse und Rotwein? Im echten Leben ist diese klassische Kombination aufgrund der Gerbstoffe in manchen Weinsorten eher eine im wahrsten Sin-
ne bittere Enttäuschung. Viel gelungener ist oft das Käse-Weißwein-Gespann
oder auch die Verbindung mit Bier — bei Champagner sagen wir erst recht
nicht Nein. Gut beraten ist man häufig mit Weinen oder anderen Getränken
aus der Gegend, in der der jeweilige Käse hergestellt wurde. So verträgt sich
Camembert aus der Normandie sehr gut mit Cidre oder Calvados, während
Cheddar zu einem Guinness passt. Der spanische Queso Manchego harmo-
niert mit Sherry, zum Handkäs gesellt sich gerne Apfelwein und warum nicht
mal einen Ouzo zum Feta probieren? Einer der wenigen Käse, die tatsächlich
zu Rotwein passen, ist Brie. Darauf einen schönen Bordeaux!

Rezepte

Camembert-Walnuss-Brot
mit Cranberrys

1 EL Butter

2 EL brauner Zucker

200 g frische Cranberrys
   (alternativ TK)

20 g frische Hefe

300 ml lauwarmes Wasser

75 g Natursauerteig (Bioladen)

300 g Weizenmehl (Type 550)
   + etwas für die Arbeitsfläche

200 g Roggenmehl (Type 1150)

2 TL Salz

150 g Walnusskerne,
   fein gehackt

1 TL frischer Rosmarin, fein gehackt

100 g kräftiger Camembert,
   in Würfeln

Außerdem

4 Eiswürfel

In einer Pfanne Butter und Zucker zerlassen. Cranberrys mit 2 EL Wasser zugeben und 3 Min. kochen. Abkühlen lassen. Hefe in eine Schüssel bröseln und im lauwarmen Wasser auflösen. Sauerteig unterrühren. Beide Mehlsorten und am Ende das Salz zufügen und den Teig mit den Knethaken der Küchenmaschine 10 Min. kneten.

Walnusskerne und Rosmarin untermengen. Den Teig auf die bemehlte Arbeitsfläche geben und den Camembert und die Cranberrys von Hand einarbeiten. Den Teig abgedeckt bei Zimmertemperatur 30 Min. gehen lassen. Zwei schmale Laibe formen und auf ein mit Backpapier belegtes Blech setzen. Mit Mehl bestäuben und mit einem scharfen Messer mehrmals schräg einschneiden. Weitere 25 Min. gehen lassen.

Den Backofen auf 210 °C vorheizen und ein Blech auf die unterste Schiene schieben. Das Blech mit den Broten auf die mittlere Schiene schieben. Die Eiswürfel auf das untere Blech geben und sofort die Backofentür schließen. Die Brote in ca. 35 Min. goldbraun backen.

Eingelegter Manchego
mit Röstknoblauch und Orangen

FÜR CA. 10 PORTIONEN

1 Bio-Orange

50 g Zucker

1 Knoblauchknolle

350 ml Olivenöl

  + etwas zum Beträufeln

Meersalz

450 g Manchego, in 1 cm dicken

  Scheiben

3 Zweige Thymian

2 Zweige Rosmarin

1 kleine getrocknete Chilischote

Zum Servieren

1 Bio-Orange, in Scheiben

1 Handvoll Kirschtomaten,

  in Scheiben

Weißbrot

Die Orange dünn abschälen und auspressen, Saft beiseitestellen. Die Schale in schmale Streifen schneiden. In einen kleinen Topf geben und mit Wasser bedecken. Aufkochen lassen und das Wasser anschließend abgießen. Diesen Vorgang zweimal wiederholen, um die Bitterstoffe zu reduzieren. Die Orangenschale mit Zucker, Orangensaft und 120 ml Wasser aufkochen und bei geringer Hitze 30 Min. zu Marmelade einkochen.

Den Backofen auf 175 °C vorheizen. Das obere Viertel der Knoblauchknolle abschneiden. Mit Olivenöl beträufeln und mit Salz würzen. Fest in Alufolie einwickeln und ca. 35 Min. backen. Die Knoblauchzehen aus den Häutchen in eine Schüssel drücken. Die Orangenmarmelade, das Öl, den Manchego, die Kräuter und die Chili zum Knoblauch geben. Alles gründlich vermengen und abgedeckt 1–3 Tage im Kühlschrank ziehen lassen.

1 Std. vor dem Verzehr aus dem Kühlschrank nehmen. Den Käse mit Orangen- und Tomatenscheiben auf einer Servierplatte anrichten, mit Öl beträufeln und Brot dazu reichen.

TIPP

Das übrige Öl kann z. B. für ein Salatdressing verwendet werden.

Drei-Käse-Rolle
mit Aprikosen und Nüssen

FÜR 2 ROLLEN

1 EL Olivenöl

3 Schalotten, fein gehackt

3 Knoblauchzehen, fein gehackt

4 EL Feigenmarmelade (alternativ Aprikosenmarmelade)

1 TL Dijon-Senf

Je 1 TL Abrieb und Saft von 1 Bio-Zitrone

1 TL weißer Balsamicoessig

1 TL Tabasco

Ca. 1 TL Meersalz

Frisch gemahlener Pfeffer

200 g Frischkäse, zimmertemperiert

4 EL weiche Butter

400 g Cheddar, fein gerieben

60 g Gorgonzola, grob zerteilt

2 EL Mayonnaise

70 g Walnusskerne, fein gehackt

50 g getrocknete Aprikosen, fein gehackt

Außerdem

Cracker oder frisches Baguette

Das Öl in einer Pfanne erhitzen und die Schalotten darin in 10 Min. knusprig anbraten. Knoblauch zugeben und 1 Min. mitgaren. Vom Herd nehmen und 2 EL Marmelade, Senf, Zitronenabrieb und -saft, Essig, Tabasco, Salz und Pfeffer unterrühren. Beiseitestellen.

Frischkäse und Butter mit dem Handmixer 2 Min. cremig schlagen. Cheddar, Gorgonzola und Mayonnaise zugeben und kurz unterrühren. Schalotten-Mischung ebenfalls unterheben. Kräftig abschmecken und abgedeckt über Nacht, mind. aber 2 Std., kalt stellen.

Die Walnüsse und die Aprikosen zusammen in einen tiefen Teller geben. Aus der Käsemasse 2 Rollen formen. Mit der restlichen Marmelade bestreichen und in der Nussmischung wenden. Gut andrücken und mit Crackern oder Baguette servieren.

Gebackener Feta
mit würzigem Brombeerkompott

FÜR CA. 4 PORTIONEN

1 Zweig Rosmarin
3 Pfefferkörner
2 Wacholderbeeren
1 Pimentkorn
350 g Brombeeren (frisch oder TK)
1 EL frisch gepresster Zitronensaft
1 EL Zucker

2 EL Waldhonig
2 x 250 g Feta
1 EL Olivenöl

Außerdem
knuspriges Baguette

Am Vortag das Kompott kochen. Dafür Rosmarin, Pfeffer, Wacholderbeeren und Pimentkorn in einen Teebeutel geben. Den Beutel verschließen und in einen Topf legen. Die Brombeeren mit Zitronensaft, Zucker und Honig zugeben. Aufkochen und bei niedriger Hitze ca. 30 Min. kochen lassen. Vom Herd nehmen und über Nacht ziehen lassen. Gewürzbeutel entfernen und das Kompott lauwarm erhitzen.

Den Backofen auf 200 °C vorheizen. Den Feta mit Öl einreiben. In eine Auflaufform legen und 8 Min. backen. Den Grill einschalten und den Feta in ca. 3 Min. goldbraun grillen.

Den Käse auf eine Servierplatte legen und das Kompott darauf verteilen. Mit frischem Baguette servieren.

Karamellisierter Brie
mit Apfel-Quitten-Paste

FÜR 6 PORTIONEN

500 g Quitten, geschält, entkernt und grob gehackt
500 g Äpfel, geschält, entkernt und grob gehackt
220 g Zucker
150 ml trockener Weißwein
50 ml Zitronensaft
1 TL Chiliflocken
50 g Kürbiskerne
1 Prise Zimt
1 runder Brie (500 g)

Quitten mit 150 ml Wasser in ca. 30 Min. bissfest kochen, anschließend das Wasser abgießen. Den Backofen auf 180 °C vorheizen. Äpfel, 150 g Zucker, Wein, Zitronensaft, Chili und Quitten in eine Auflaufform geben und im Ofen ca. 3 Std. garen. Dabei mehrmals umrühren. Abkühlen lassen und 5 Std. in den Kühlschrank stellen.

Kürbiskerne in einer Pfanne ohne Fett rösten. Den restlichen Zucker in einem Topf hellbraun karamellisieren. Kürbiskerne und Zimt unterrühren, die Masse dünn auf ein Backpapier streichen (Vorsicht, sehr heiß!), abkühlen lassen und in Stücke brechen. Den Backofen auf 165 °C vorheizen. Brie in eine Auflaufform setzen und mit Kürbiskrokant belegen. Ca. 10 Min. backen, bis der Karamell schmilzt. Herausnehmen und 2 Min. abkühlen lassen. Den Brie mit etwas Apfel-Quitten-Paste anrichten und servieren.

TIPP

Dazu passen frisches, knuspriges Weißbrot und ein grüner Salat. Von der Apfel-Quitten-Paste wird etwas übrig bleiben, aber so lohnt sich die lange Garzeit. Die Paste hält sich im Kühlschrank mind. 2 Wochen und schmeckt auch zu Ziegenkäse oder Manchego.

Camembert-Eckchen
mit Pflaumenchutney

Für das Chutney

100 g rote Zwiebeln, in Spalten

250 g Pflaumen, entsteint und geviertelt

50 g getrocknete Feigen, fein gehackt

Je 1 TL Koriander-, Fenchel- und
helle Senfsamen

1 Sternanis

½ rote Chilischote, entkernt und fein
gehackt

65 g brauner Zucker

40 ml Apfelessig

1 große Prise Meersalz

Für die Camembert-Eckchen

4 EL Mehl

2 Eier

5 EL Semmelbrösel

3 EL Haselnusskerne, fein gehackt

2 runde feste Camembert à 200 g,
in je 6 Eckchen

Erdnussöl zum Braten

Für das Chutney alle Zutaten in einem Topf vermischen und zum Kochen bringen. Bei niedriger Temperatur in ca. 30 Min. einkochen. Gelegentlich umrühren, damit das Chutney nicht anbrennt. Entweder noch heiß in ein sterilisiertes Schraubglas (à 350 ml) füllen und 1 Woche durchziehen lassen oder zum sofortigen Gebrauch abkühlen lassen und in ein Schälchen füllen.

Zum Panieren Mehl, verquirlte Eier und Semmelbrösel mit Haselnüssen in je einen tiefen Teller geben. Die Camembert-Eckchen im Mehl, danach im Ei und zuletzt in Semmelbröseln wenden. Vorgang wiederholen.

Das Öl in einer Pfanne stark erhitzen und den Camembert darin goldbraun ausbacken. Auf Küchenpapier abtropfen lassen und mit Chutney servieren.

Lachs-Röllchen
im Crêpeteig

FÜR 4 PORTIONEN

Für den Crêpeteig

125 g Mehl

125 ml Milch

125 ml Wasser

1 Ei

1 EL Öl + etwas zum Bepinseln

1 Prise Salz

1 Prise frisch geriebene Muskatnuss

Für die Füllung

200 g Frischkäse

1 EL Milch

4 Stängel Dill, fein gehackt

½ Bd. Schnittlauch, in Röllchen

1 TL Tafelmeerrettich

Frisch gemahlener Pfeffer

200 g Räucherlachs, in Scheiben

½ Kästchen Kresse, grob geschnitten

Für den Teig alle Zutaten glatt rühren und 20 Min. ruhen lassen. Eine beschichtete Pfanne erhitzen und gleichmäßig mit wenig Öl bepinseln. Eine Kelle Teig dünn in der Pfanne verteilen. Auf beiden Seiten hellbraun backen. Mit dem restlichen Teig ebenso verfahren, ggf. die Pfanne erneut mit Öl bepinseln.

Für die Füllung den Frischkäse mit Milch, Dill, Schnittlauch, Meerrettich und Pfeffer verrühren. Die Crêpes mit der Käsecreme bestreichen. Mit Räucherlachs belegen und mit der Hälfte der Kresse bestreuen. Die belegten Crêpes einrollen und fest in Frischhaltefolie wickeln. 30 Min. kalt stellen und anschließend in 2 cm dicke Scheiben schneiden. Mit Kresse bestreut servieren.

TIPP

Dazu passt Feldsalat mit Radieschen.

Quesadillas mit Chorizo
und Radieschen-Guacamole

FÜR 4 PORTIONEN

Für die Quesadillas

200 g geräucherte Chorizo, gewürfelt

4 Weizentortillas

100 g mittelalter Gouda

100 g Fontina (oder Cheddar), gerieben

2 Frühlingszwiebeln, in Ringen

½ rote Paprika, gewürfelt

Ca. 2 EL Olivenöl

Für die Guacamole

1 Avocado, halbiert und entkernt

5 Radieschen, fein gewürfelt

1 rote Zwiebel, fein gehackt

1 kleine Knoblauchzehe, fein gehackt

½ Bd. Koriander, fein gehackt

1 grüne Chilischote, entkernt und fein gehackt

2 EL frisch gepresster Limettensaft

Meersalz

Frisch gemahlener Pfeffer

Für die Guacamole das Avocadofruchtfleisch aus der Schale lösen und mit einer Gabel zerdrücken. Alle weiteren Zutaten unterheben und die Salsa mit Salz und Pfeffer abschmecken.

Eine Pfanne erhitzen und die Chorizo darin bei mittlerer Hitze anbraten. Herausnehmen. Tortillas bis zur Hälfte mit Käse bestreuen und mit Wurst, Frühlingszwiebeln und Paprika belegen. Zusammenklappen und die Oberseite dünn mit Öl bepinseln.

Mit der geölten Seite nach unten in eine heiße Pfanne legen und bei mittlerer Hitze 2 Min. braten. Die Oberseite mit Öl bestreichen, die Tortilla wenden und in ca. 1 ½ Min. fertig braten. In Dreiecke teilen und heiß mit der Guacamole servieren.

TIPP

Auch mexikanischer Käse, z. B. Oaxaca, kann verwendet werden – dieser ist jedoch nicht überall erhältlich.

Pfifferling-Stulle
mit Comté

FÜR 4 STULLEN

3 EL Olivenöl

4 Schalotten, in Ringen

1 Knoblauchzehe, in Scheiben

400 g Pfifferlinge, große Pilze halbiert

4 getrocknete Tomaten (in Öl), abge-
tropft und fein gehackt

2 Zweige Thymian, Blättchen fein
gehackt

Meersalz

Frisch gemahlener Pfeffer

Ca. 2 TL Zitronensaft

4 Scheiben kräftiges Landbrot

50 g Rucola

100 g Comté, grob gerieben

Den Backofengrill vorheizen. In einer Pfanne 2 EL Öl erhitzen und die Schalotten und den Knoblauch darin glasig dünsten. Mit einem Schaumlöffel herausheben und die Pfifferlinge im Öl 5 Min. anbraten.

Schalotten, Knoblauch, Tomaten und Thymian zugeben und alles unter Rühren weitere 3 Min. garen. Mit Salz, Pfeffer und Zitronensaft pikant abschmecken und vom Herd nehmen.

Das Brot mit dem restlichen Öl beträufeln und im Backofen goldbraun anrösten. Herausnehmen und den Rucola darauf verteilen. Mit Pfifferlingen belegen. Den Comté daraufstreuen und die Brote sofort servieren.

Wintersalat

mit Stilton und Speck

FÜR 4 PORTIONEN

Für den Salat

2 EL Olivenöl

150 g Räucherspeck, gewürfelt

2 Scheiben Bauernbrot, gewürfelt

200 g Blattsalate (z. B. Feldsalat,
   Rucola, Radicchio)

1 Birne, entkernt und in Würfeln

100 g Stilton (alternativ Roquefort)

60 g Walnusskerne, grob gehackt

1 Bd. Schnittlauch, in Röllchen

Für das Dressing

6 EL Olivenöl

2 EL Rotweinessig

1 EL Dijon-Senf

½ TL Honig

Meersalz

Frisch gemahlener Pfeffer

Für das Dressing alle Zutaten in eine Schüssel geben und mit einem Schneebesen verquirlen. Beiseitestellen.

Das Öl in einer Pfanne erhitzen und den Speck darin anbraten. Mit einem Schöpflöffel herausnehmen und auf Küchenpapier abtropfen lassen. Die Brotwürfel in der gleichen Pfanne rundum kross anbraten und zum Speck geben.

Die Blattsalate auf einer Servierplatte anrichten. Birne, Stilton und Speck darauf verteilen. Den Salat mit Dressing beträufeln und mit Walnusskernen und Schnittlauch bestreut servieren.

TIPP

Statt mit Stilton und Birne kann der Salat auch mit Trauben und
Rotschmierkäse zubereitet werden.

Hähnchenbruströllchen
mit Pecorino und Feigen

FÜR 4 PORTIONEN

450 g frische Feigen, grob gehackt
und Stiele entfernt
60 ml Saft und 1 TL Abrieb von
2–3 Bio-Zitronen
130 g Zucker
1 TL Balsamicoessig
1 TL Akazienhonig
Frisch gemahlener Pfeffer
Meersalz
4 Hähnchenbrustfilets (je ca. 150 g)

160 g Pecorino, grob gerieben
1 ½ EL Olivenöl
1 Knoblauchzehe, fein gehackt
80 ml Portwein
120 ml Hühnerbrühe
120 ml Sahne
1 TL körniger Senf

Außerdem
Küchengarn

Am Vortag die Feigen mit Zitronensaft und -abrieb, Zucker, Essig, Honig, etwas Pfeffer und Salz aufkochen. Bei niedriger Temperatur ca. 30 Min. köcheln lassen. Grob pürieren und über Nacht kalt stellen.

Am nächsten Tag die Hähnchenbrustfilets waagerecht halbieren, dabei nicht ganz durchschneiden. Auseinanderklappen und zwischen zwei Lagen Frischhaltefolie dünn klopfen. Das Fleisch von beiden Seiten mit Salz und Pfeffer würzen. Mit je 1 TL Feigenmarmelade bestreichen und mit Pecorino bestreuen. Einrollen und mit Küchengarn fixieren.

Das Öl in einer Pfanne erhitzen und die Röllchen bei mittlerer Hitze in ca. 7 Min. rundum anbraten. Herausnehmen und mit Alufolie bedecken. Knoblauch in der gleichen Pfanne 1 Min. anrösten. Mit Portwein ablöschen, den Bratensatz lösen. Brühe, Sahne und Senf einrühren und in ca. 5 Min. dicklich einkochen. Mit Salz und Pfeffer abschmecken.

Das Küchengarn entfernen. Die Röllchen in der Soße wenden und sofort servieren.

Arancini
Frittierte Reis-Käse-Bällchen

FÜR CA. 15 STÜCK

2 Schalotten, fein gehackt
2 EL Butter + 1 TL für das Risotto
600 g Risotto-Reis
250 ml trockener Weißwein
Ca. 2 l heiße Gemüsebrühe
180 g Parmesan, frisch gerieben
Meersalz
Frisch gemahlener Pfeffer
4 Eier

400 g Paniermehl
150 g Scamorza (geräucherter Käse),
gewürfelt
100 g Mozzarella, gewürfelt
120 g getrocknete Tomaten (in Öl),
fein gehackt
½ TL getrockneter Oregano
1 l Öl zum Frittieren

Die Schalotten in 2 EL Butter ca. 3 Min. dünsten. Reis zufügen und glasig dünsten. Mit Wein ablöschen. Wenn kaum noch Flüssigkeit zu sehen ist, die Brühe kellenweise zugeben, dabei vor jeder weiteren Zugabe warten, bis der Reis die Flüssigkeit absorbiert hat. Den Reis unter stetigem Rühren in ca. 18 Min. bissfest garen. 80 g Parmesan und die restliche Butter unterheben. Mit Salz und Pfeffer würzen und 1 Min. zugedeckt ruhen lassen. Auf einem flachen Teller abkühlen lassen.

Eier in einem tiefen Teller mit dem restlichen Parmesan verquirlen. Das Paniermehl in einen weiteren Teller geben. Für die Füllung Scamorza, Mozzarella, Tomaten und Oregano vermengen. Eine Handvoll Reis mit befeuchteten Händen flach drücken, mit Käsemasse füllen und eine feste Kugel formen. Im Ei wenden, dann in Paniermehl. Das Panieren wiederholen.

Wenn alle Kugeln geformt sind, das Öl in einer Pfanne stark erhitzen. Die Arancini darin rundum goldbraun frittieren. Auf Küchenpapier abtropfen lassen und heiß oder kalt servieren.

Raclette-Sandwich
mit karamellisierten Schalotten

FÜR 4 PORTIONEN

2 EL Olivenöl

2 Zweige Rosmarin, Nadeln grob
  gehackt

2 Äpfel (z.B. Elstar), geviertelt,
  entkernt und in Scheiben

1 TL Zitronensaft

2 Schalotten, in Ringen

1 TL brauner Zucker

8 Scheiben Kartoffelbrot (oder
  anderes rustikales Brot)

4 TL gehackte Walnusskerne

4 Scheiben Kochschinken

120 g Raclette-Käse, in Scheiben

Grob gemahlener schwarzer Pfeffer

Den Backofengrill vorheizen. Das Öl mit dem Rosmarin in einem kleinen Topf bei hoher Temperatur erhitzen. Sobald es anfängt zu zischen, vom Herd nehmen und abgedeckt 5 Min. ziehen lassen. Die Äpfel mit Zitronensaft beträufeln.

Das Rosmarinöl durch ein feines Sieb in eine Pfanne seihen und die Schalotten darin andünsten. Die Äpfel zugeben und kurz mitgaren. Mit Zucker bestreuen und bei hoher Temperatur kurz karamellisieren lassen. Vom Herd nehmen.

Das Brot toasten. Die Walnüsse und die Apfel-Zwiebel-Mischung auf 4 Scheiben verteilen, dabei etwas Öl zurückbehalten. Die Brote mit Schinken und Käse belegen und mit Pfeffer würzen. Die übrigen Brotscheiben mit dem restlichen Öl beträufeln und darauflegen. Unter dem Backofengrill von beiden Seiten rösten, bis der Käse geschmolzen ist. Die Sandwiches halbieren und sofort servieren.

Käse-Lauch-Suppe
mit Wirsing

FÜR 4 PORTIONEN

200 g Wirsing, in sehr dünnen
   Streifen

Meersalz

2 EL Butter

2 EL Öl

200 g Lauch, in Ringen

100 ml Weißwein

2 Zweige Thymian, Blättchen fein
   gehackt

30 g Instant-Polenta

1 l Gemüsebrühe

80 g Sahne

140 g Emmentaler, fein gerieben

2 EL Frischkäse

Frisch gemahlener Pfeffer

2 Scheiben Toastbrot, gewürfelt

2 TL rosa Pfefferkörner

Den Wirsing in kochendem Salzwasser in ca. 4 Min. bissfest garen. Abgießen, kalt abschrecken und abtropfen lassen. In einem großen Topf 1 EL Butter, 1 EL Öl und 1 EL Wasser erhitzen und den Lauch darin abgedeckt 10 Min. garen. Mit Weißwein ablöschen.

Thymian und Polenta unterrühren, Brühe zugießen und zum Kochen bringen. 5 Min. bei mittlerer Temperatur kochen lassen. Sahne, 100 g Emmentaler und den Frischkäse unterrühren und den Käse unter Rühren schmelzen lassen. Wirsing zugeben und die Suppe mit Salz und Pfeffer abschmecken.

Die übrige Butter und das Öl in einer Pfanne erhitzen und die Brotwürfel darin goldbraun anbraten. Mit Salz und Pfeffer würzen. Die Suppe auf Tellern anrichten und mit dem restlichen Käse, dem rosa Pfeffer und mit Brotwürfeln bestreut servieren.

Weiße Pizza
mit Chili-Honig

FÜR 2 PIZZEN (Ø 30 CM)

Für den Teig

300 g Mehl + etwas für die Arbeitsfläche
1 EL Hartweizengrieß
20 g frische Hefe
180 ml lauwarmes Wasser
2 EL Olivenöl + etwas für das Blech
1 TL Salz
1 Prise Zucker

Für den Belag

2 EL Olivenöl
1 kleine Knoblauchzehe, gepresst
20 g Parmesan, frisch gerieben
125 g Mozzarella, gewürfelt
70 g Taleggio, gewürfelt
60 g Gorgonzola, gewürfelt
50 g Pecorino, grob gerieben
20 g Pinienkerne
2 TL Akazienhonig
½ TL Chiliflocken, zerstoßen
2 Zweige Thymian, Blättchen abge-
   zupft

Die Teigzutaten in eine Schüssel geben und mit den Knethaken des Handrührgeräts zu einem glatten Teig verkneten. Abgedeckt an einem warmen Ort ca. 1 Std. gehen lassen.

Den Backofen auf 220 °C vorheizen. Den Teig halbieren und jeweils auf der bemehlten Arbeitsfläche rund ausrollen. Auf ein gefettetes Backblech legen.

Für den Belag Öl mit Knoblauch und Parmesan vermischen und auf dem Teig verstreichen. Alle Käsesorten und die Pinienkerne darauf verteilen. Honig mit Chili vermischen und beiseitestellen. Die Pizza im heißen Backofen in ca. 15 Min. goldgelb backen. Mit Thymianblättchen bestreuen und mit Chili-Honig beträufelt servieren.

Cremige Käsespaghetti
mit Frühlingsgemüse

FÜR 2 PORTIONEN

2 Scheiben altbackenes Brot

1 Knoblauchzehe, fein gehackt

1 Stängel Majoran, Blättchen abge-
zupft

Meersalz

Frisch gemahlener Pfeffer

1 EL Olivenöl

3 EL Mascarpone

40 g Fontina, gerieben

40 g Gouda, gerieben

40 g Gorgonzola, gewürfelt

2 Eigelb

Abrieb von ½ Bio-Zitrone

300 g Spaghetti

200 g Brokkoli, in Röschen

200 g grüner Spargel, in 3 cm langen
Stücken

100 g Erbsen (TK)

Das Brot mit Knoblauch, Majoran, je 1 Prise Salz und Pfeffer im Blitzhacker zu Bröseln verarbeiten. Das Öl in einer kleinen Pfanne erhitzen und die Brösel darin goldbraun anbraten. Vom Herd nehmen.

Über dem heißen Wasserbad Mascarpone, Fontina, Gouda und Gorgonzola schmelzen. Vom Wasserbad nehmen und Eigelbe und Zitronenabrieb mit einem Schneebesen untermischen. Die Spaghetti in reichlich sprudelnd kochendem Salzwasser nach Packungsangabe bissfest garen.

5 Min. vor Ende der Garzeit Brokkoli und Spargel zu den Nudeln geben. Nach 2 Min. Erbsen zugeben. 3 EL Nudelwasser entnehmen. Die Nudeln und das Gemüse abgießen und zurück in den Topf geben. Käsemischung und Nudelwasser zugeben und gründlich vermengen. Mit Salz und Pfeffer abschmecken und mit Knoblauchbröseln bestreut sofort servieren.

Kochkäs-Burger
mit „Musik"

FÜR 2 BURGER

Für den Kochkäs

250 g Quark (20 %)

1 gestr. TL Natron

125 g Butter, gewürfelt

200 ml Sahne

200 g Harzer Käse, grob gewürfelt

Für die „Musik"
(eingelegte Zwiebeln)

3 EL Sonnenblumenöl

1 ½ EL Weißweinessig

1 EL trockener Weißwein

Meersalz

Frisch gemahlener Pfeffer

1 rote Zwiebel, halbiert und in
   Scheiben

Für den Burger

400 g Rinderhackfleisch

1 TL Dijon-Senf

1 getrocknete Chilischote, zerstoßen

½ TL geräuchertes Paprikapulver

1 Prise frisch geriebene Muskatnuss

Salz, Pfeffer

2 Burgerbrötchen

2 Salatblätter

½ TL Chiliflocken, zerstoßen

Den Quark mit Natron glatt rühren und abgedeckt 3 Std. reifen lassen. Butter mit Sahne bei niedrigster Temperatur erwärmen. Käse zugeben und unter Rühren schmelzen. Quark einrühren und den Kochkäs bis zum Gebrauch kalt stellen. Für die „Musik" Öl, Essig, Wein, Salz und Pfeffer verquirlen, die Zwiebeln damit übergießen und 1 Std. ziehen lassen.

Den Grill vorheizen. Das Hackfleisch mit Senf, Chili, Paprika, Muskat, Salz und Pfeffer würzen. 2 Patties formen und ca. 4 Min. von jeder Seite grillen. Brötchen mit der Schnittseite nach unten kurz anrösten. Die unteren Brötchenhälften mit je einem Salatblatt und einem Patty belegen. Kochkäse und zum Schluss Zwiebeln darauf verteilen und die zweite Brötchenhälfte daraufsetzen.

TIPP

Der übrige Kochkäs schmeckt toll mit etwas Kümmel auf kräftigem Bauernbrot.

Klassisches Käsefondue

FÜR CA. 4 PORTIONEN

1 Knoblauchzehe, halbiert
250 ml trockener, säurebetonter
   Weißwein (z. B. Sauvignon blanc)
300 g Emmentaler, grob gerieben
300 g Greyerzer, grob gerieben
200 g Appenzeller, grob gerieben
1 ½ EL Speisestärke
2 EL Kirschwasser
1 TL frisch gepresster Zitronensaft

1 Prise frisch geriebene Muskatnuss
Frisch gemahlener Pfeffer
Ca. 600 g Brot mit kräftiger Kruste,
   in mundgerechten Würfeln

Außerdem
Fonduetopf mit Brotspießen
Rechaud

Den Fonduetopf mit der Knoblauchzehe ausreiben. Wein hineingießen und erwärmen. Nach und nach den Käse untermischen, dabei stetig rühren, bis der Käse geschmolzen ist. Speisestärke mit Kirschwasser und Zitronensaft glatt rühren und zum Käse geben.

Unter gelegentlichem Rühren köcheln lassen, bis sich alles zu einer geschmeidigen, homogenen Masse verbunden hat. Das Käsefondue mit Muskat und Pfeffer abschmecken und auf den Rechaud stellen. Das Brot dazu servieren.

TIPP

Für Käsefondue sollte junger Käse verwendet werden, denn er schmilzt besonders gut. Das Mischungsverhältnis der Käsesorten kann je nach Geschmack variiert werden, wer es z. B. würziger mag, erhöht den Anteil an Appenzeller. Nach Belieben kann auch Vacherin zugegeben werden.
Auch eine Kombination aus mittelaltem Gouda, Doppelrahmfrischkäse und pikantem Gorgonzola ist empfehlenswert. Dazu schmecken Birnen sehr gut.

Gnudi
Toskanische Ricotta-Klößchen

FÜR CA. 4 PORTIONEN

Für die Gnudi

700 g Ricotta

100 g Parmesan, frisch gerieben
 + 30 g zum Bestreuen

1 Ei, verquirlt

1 EL Olivenöl

Meersalz

Frisch gemahlener Pfeffer

1 Prise frisch geriebene Muskatnuss

400 g Semolina (Hartweizengrieß)

Für die Salbeibutter

80 g Butter

3 EL Olivenöl

5 Salbeiblättchen, fein geschnitten

2 Knoblauchzehen, in feinen
 Scheiben

Zesten von 1 Bio-Zitrone

½ TL Chiliflocken

2 EL Pinienkerne, geröstet

Den Ricotta in ein Mulltuch geben und ausdrücken. In einer Schüssel mit 100 g Parmesan, Ei, Öl, Salz, Pfeffer und Muskat vermengen. Semolina auf einem Teller verteilen, ein Tablett ebenfalls dünn damit bestreuen. Einen Teelöffel bereitlegen. Die Hände anfeuchten und die Innenflächen in Semolina tauchen.

Mit einem Teelöffel etwas Ricottamasse abstechen und zügig mit den Händen zu Klößchen formen. Diese in Semolina wenden und auf das Tablett legen. Ohne Abdeckung für 8–24 Std. kalt stellen.

In einer großen Pfanne die Butter mit Öl bei mittlerer Hitze zerlassen. Salbei, Knoblauch, Zitronenzesten und Chiliflocken zugeben und goldbraun braten. Währenddessen reichlich Salzwasser zum Kochen bringen. Die Temperatur reduzieren. Gnudi portionsweise in das Wasser gleiten lassen. Sobald sie an der Oberfläche schwimmen, mit einem Schaumlöffel herausheben und in der Salbeibutter wenden. Mit Parmesan und Pinienkernen bestreut servieren.

Gegrillte Pfirsiche
mit Burrata und Basilikumhonig

FÜR 4 PORTIONEN

12 EL Akazienhonig

4 große Basilikumblättchen, in feinen Streifen

Abrieb und 4 EL Saft von 1 Bio-Zitrone

4 EL Pinienkerne

3 Pfirsiche, geviertelt, Stein entfernt

12 Scheiben Pancetta (alternativ Frühstücksspeck)

4 EL Olivenöl

Meersalz

Frisch gemahlener Pfeffer

50 g Rucola

2 Kugeln Burrata, grob mit den Fingern zerteilt

Den Honig mit Basilikum, der Hälfte des Zitronenabriebs und des -saftes verrühren und 1 Std. ziehen lassen. Die Pinienkerne in einer kleinen Pfanne ohne Fett anrösten und beiseitestellen.

Die Pfirsiche mit je 1 Scheibe Speck umwickeln und auf dem heißen Grill (am besten in einer Grillschale) rundum ca. 4 Min. grillen.

Für das Dressing den restlichen Zitronensaft und -abrieb mit Öl, Salz und Pfeffer verquirlen. Den Rucola auf einer Servierplatte oder auf Tellern verteilen und das Dressing daraufgeben. Die Pfirsiche und die Burrata auf dem Salat anrichten und mit Basilikumhonig beträufeln. Mit Pinienkernen bestreut servieren.

TIPP

Burrata ist eine cremige Köstlichkeit aus Italien. Sie besteht aus einer Mozzarellahülle und einem Kern aus Sahne und Butter. Wenn man diese Spezialität nicht bekommen sollte, kann man auch einen guten Mozzarella nehmen.

Eiscreme
mit Blaubeeren und Ziegenkäse

FÜR 4–6 PORTIONEN

350 g Blaubeeren
200 g Zucker
1 EL Balsamicoessig
350 ml Sahne
350 ml Milch
1 Prise Salz

3 Eigelb
120 g Ziegenfrischkäse
1 EL Akazienhonig
2 EL Saft und 1 TL Abrieb von
   1 Bio-Zitrone

Den Backofen auf 200 °C vorheizen. Die Blaubeeren, 50 g Zucker und den Essig in einer kleinen Auflaufform vermischen und 30 Min. rösten. Aus dem Ofen nehmen und die Sahne einrühren. Alles pürieren und durch ein Sieb passieren.

In einem Topf 250 ml Milch mit dem restlichen Zucker und dem Salz verrühren und bei mittlerer Hitze erwärmen (nicht kochen). Die Eigelbe in einer Schüssel verquirlen und ca. 50 ml der warmen Milch unter Rühren langsam hineingießen. Nun die Ei-Milch-Mischung zur warmen Milch in den Topf gießen. Die Masse stetig rührend bei niedriger Temperatur erwärmen, bis sie eindickt. In eine Schüssel gießen. Ziegenkäse zugeben und glatt rühren.

Honig, Zitronensaft und -abrieb, die restliche Milch und die Blaubeer-Sahne untermischen. Über Nacht kalt stellen und am nächsten Tag in der Eismaschine cremig gefrieren lassen. Vor dem Portionieren 5 Min. antauen lassen.

Feigen-Honig-Milchshake
mit Ziegenfrischkäse

FÜR 2–4 PORTIONEN

6 Feigen, halbiert und Stiel entfernt

2 EL Akazienhonig
  + 2 TL zum Beträufeln

Abrieb und 2 EL Saft von
  ½ Bio-Orange

50 ml Milch

6 EL Ziegenfrischkäse

1 EL Feigenmarmelade
  (nach Belieben)

240 g Joghurteis

1 Prise Zimt

¼ TL frisch gemahlener Pfeffer

40 ml Schlagsahne

Den Backofen auf 220 °C vorheizen. Die Feigen mit der Schnittfläche nach oben in eine Auflaufform legen. 2 EL Honig und den Orangenabrieb darauf verteilen. Im Backofen ca. 15 Min. rösten. Herausnehmen und vollständig abkühlen lassen.

Die gebackenen Feigen mitsamt ausgetretener Flüssigkeit, Orangensaft, Milch, Ziegenkäse und Feigenmarmelade im Mixer cremig pürieren. Das Joghurteis, den Zimt und eine große Prise Pfeffer zugeben und erneut mixen. Die Sahne steif schlagen.

Den Shake in Gläser gießen und jeweils ein Sahnehäubchen daraufsetzen. Mit Honig beträufeln und den Shake mit etwas Pfeffer bestreut servieren.

Rezeptübersicht